ME ENCANTA EL OTOÑO

Shelley Admont
Ilustrado por Sonal Goyal

www.kidkiddos.com
Copyright ©2019 by KidKiddos Books Ltd.
support@kidkiddos.com

All rights reserved. No part of this book may be reproduced in any form or by any electronic or mechanical means, including information storage and retrieval systems, without written permission from the publisher, except in the case of a reviewer, who may quote brief passages embodied in critical articles or in a review.
First edition, 2019

Translated from English by Gabriela Esquivel Gastélum
Traducido del inglés por Gabriela Esquivel Gastélum
Spanish editing by Renata Moreno
Editado en español por Renata Moreno

Library and Archives Canada Cataloguing in Publication
I Love Autumn (French Edition)/ Shelley Admont
ISBN: 978-1-5259-1994-7 paperback
ISBN: 978-1-5259-1995-4 hardcover
ISBN: 978-1-5259-1993-0 eBook

Jimmy, el conejito, estaba sentado junto al río.

Era una tarde de otoño y todo alrededor de él estaba vestido de naranja, su color favorito.

Le encantaban las zanahorias anaranjadas, las puestas de sol anaranjadas y las hermosas hojas anaranjadas.

"Ven Jimmy", lo llamó su hermano mayor, "¡vamos a lanzar hojas al río y veamos de quién es la hoja que avanza más rápido!"

"¿Qué hoja escoges?" preguntó su hermano del medio.

"Tomaré esta anaranjada grandota", dijo Jimmy, recogiendo la hoja del suelo.

"La mía será roja," agregó su hermano mayor y tomó una brillante hoja roja.

El hermano mediano miró a su alrededor y recogió una hoja de un color hermoso. Era amarilla, roja y café.

"¡Uno, dos, tres... lancen!" gritó el hermano mayor y los tres conejitos lanzaron sus hojas en el agua.

Las hojas flotaron lentamente río abajo, mientras los hermanos, felices, las perseguían por la orilla.

"Ahora hay que hacer un montón enorme de hojas", sugirió el hermano mayor.

"¡Y después saltar en él!" exclamó Jimmy alegremente.

Sí, le encantaba el otoño más que ninguna otra estación. Es que había tantas cosas divertidas que hacer.

Comenzaron a amontonar hojas. El hermano mayor trajo unas cuantas hojas rojas y el hermano del medio agregó unas amarillas.

Jimmy recogió todas las hojas anaranjadas que pudo encontrar y las puso encima del montón.

"¡Uno, dos, tres... salten!" gritó el hermano mayor y los tres conejitos saltaron en el montón.

Ellos rodaban entre las hojas y las aventaban al aire.

Todas las hojas anaranjadas, amarillas y rojas volaban por todo el lugar.

"Me encanta el olor de las hojas," sonrió Jimmy, hundiéndose más profundamente en el montón.

De repente oscureció. Una gran gota aterrizó sobre la frente de Jimmy.

El hermano mayor miró hacia el cielo. "Será mejor que nos vayamos a casa antes de que nos mojemos," dijo.

"¡Uno, dos, tres...corran!" gritó, y los otros hermanos comenzaron a correr a casa.

Jimmy comenzó a correr también, pero se detuvo cuando vio unas hojas coloridas sobre el suelo. Él comenzó a recogerlas.

"¡Vámonos, Jimmy! ¡Está lloviendo! "¿Qué estás haciendo ahí?" preguntó el hermano mayor.

"Sólo estoy recogiendo unas hermosas hojas para mamá," contestó Jimmy. "Ya voy."

Justo cuando los dos hermanos mayores entraron corriendo a la casa, comenzó a llover intensamente. Jimmy se quedó atrás, recogiendo hojas aún.

Se mojó desde la punta de sus orejas hasta el fondo de los dedos de sus pies. Hasta su pequeña cola se mojó, pero no le molestaba.

Tenía hermosas hojas para Mamá en sus manos, y eso lo hacía feliz.

"¡Mami! ¡Mami!" gritó con emoción mientras entraba corriendo a la casa.

Mamá estaba sentada en el sofá de la sala.

"¡Estas son para ti!" Jimmy exclamó, brincando por la sala y dejando charcos en el piso.

"¡Oh, mi dulzura! ¡Gracias! Son tan bonitas", dijo Mamá.

"Pero, ¿no tienes frío Jimmy? ¡Mira tus orejas, están todas mojadas, y tu cola también!"

"No tengo... ¡achuu!" Jimmy estornudó fuertemente.

"¡Salud!" dijo Mamá. "Creo que deberías cambiarte la ropa mojada y ponerte este suéter anaranjado que tejí para ti. Las noches se están volviendo frías ahora."

Jimmy se puso su nuevo suéter anaranjado. Su hermano del medio recibió un suéter verde nuevo y su hermano mayor recibió uno azul.

Pronto toda la familia se reunió en la sala, mirando la lluvia a través de la gran ventana.

"Es tan triste," dijo Jimmy, observando las hojas mojadas volando en el viento. "Ahora no podemos jugar afuera. ¿Qué vamos a hacer?"

"Podemos hacer una deliciosa tarta de manzana juntos," sugirió Mamá.

"O podemos leer un libro," agregó Papá.

"Yo preferiría hacer un rompecabezas," dijo el hermano del medio.

El hermano mayor pensó un momento. "¿Y si hacemos todas esas cosas?" exclamó.

"Esa es una idea maravillosa," dijo Mamá asintiendo. "Vamos a comenzar con una tarta de manzana. Traeré mi libro de recetas."

Todos se pusieron a trabajar. Mamá y Papá cortaron grandes manzanas rojas y los hermanos mezclaron la harina y la mantequilla.

"¡Esto es tan divertido!" dijo Jimmy, mezclando los ingredientes de la masa en el tazón grande.

"Y una vez que esté lista, estará tan deliciosa," dijo Mamá y puso la tarta en el horno.

"Mientras se hornea, podría leerles un libro," dijo Papá.

Se instaló en el sofá con sus hijos y un gran libro colorido.

"Y después de esto, podríamos hacer un rompecabezas," agregó el hermano del medio.

Cuando llegó la noche, los hermanos se metieron a sus camas y Mamá vino a darles un beso de buenas noches.

"Fue un gran día," dijo Jimmy mientras Mamá lo cubría con su cobija." "Me encanta el otoño."

Bostezó, cerró sus ojos y rápidamente se quedó dormido, para pronto despertar a otro anaranjado día.

www.ingramcontent.com/pod-product-compliance
Lightning Source LLC
Chambersburg PA
CBHW040044100526
44584CB00033BA/4367